El niño con EL CORAZON ROTO

¡Hola, queridos lectores!

Soy Hanna y estoy muy emocionada de que me acompañen en este viaje sin igual: la historia de mi hijo Yehor, el niño detrás del personaje de Liam. Esta es una historia real de valentía, esperanza y el vínculo inquebrantable entre una madre y su hijo.
En un mundo lleno de diversidad, una de las primeras lecciones que los niños aprenden es que todos somos diferentes. La forma en que responden ante esta realidad depende de lo que les enseñamos y del ejemplo que les damos. ¿Se quedan mirando? ¿Ríen? Incluso puede que la incomodidad los abrume.
El objetivo de este libro es sustituir esa incomodidad causada por la falta de familiaridad con curiosidad y comprensión. Enfocado en la discapacidad, este libro traza un camino hacia la comprensión por medio de la empatía y la vulnerabilidad. Enseña que la diversidad, la diferencia y la individualidad no solo son características a las que debemos acostumbrarnos, sino bendiciones que definen la esencia de la humanidad. Somos hermosos porque somos únicos.

Como madre de un niño discapacitado, sé que la comprensión de la situación de mi hijo por parte de desconocidos hace una gran diferencia; y no solo que lo comprendan, sino que sientan su dolor, su deseo, su anhelo innato de algo más y mejor. La aceptación de estos lazos compartidos es lo que nos une como seres humanos y lo que le da esperanzas a este mundo.

Todo se resume en una pregunta sagrada: ¿cómo me sentiría si estuviera en su lugar? Los invito a que se hagan esta pregunta mientras leen la historia y que, al hacerlo, se conviertan en miembros de la Sociedad de los Corazones Poderosos.

Emprendamos juntos este viaje para impulsar los elementos que transformarán el futuro.

Todos hemos leído historias y visto películas
con héroes fuertes y valientes.
Hombres y mujeres que siempre están presentes
cuando la Tierra está en peligro inminente.

Los héroes vuelan por el cielo y viajan en el tiempo,
eso es lo que nos han dicho.
Sus vidas están llenas de misterio
y sus aventuras de astucia y prestigio.

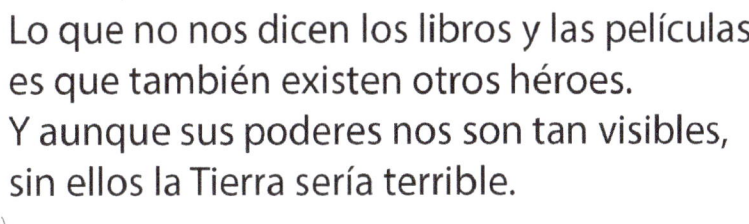

Lo que no nos dicen los libros y las películas
es que también existen otros héroes.
Y aunque sus poderes nos son tan visibles,
sin ellos la Tierra sería terrible.

Liam era uno de esos héroes,
cuya historia ahora comienza.
Cada día la vida intentaba derribarlo,
pero él se aferraba con firmeza

Él nació con un problema en el corazón
y muchos de sus días los pasó
rodeado de tubos y un gran dolor,
sin mencionar cuántos hospitales visitó.

Usaba un marcapasos todo el tiempo
que guiaba el ritmo de su corazón.
Le dijo a los doctores: "No lo necesito",
pero, según su mamá, ellos tenían razón.

Tres veces necesitó cirugía
y su vida estuvo en gran peligro.
Pero tres veces tuvo la valentía
de darle a su historia un gran giro.

Cualquiera se hubiera rendido
ante esta enfermedad tan malvada,
pero Liam era un gran niño
que nunca se rindió en la batalla.

Al menos su madre eso pensaba,
y todos los días le decía
que su corazón siempre resistiría,
y que ninguna enfermedad lo vencería.

Sin embargo, todos los días en la escuela,
algunos niños se burlaban de él.
Pretendía que no le importaba,
pero sus lágrimas no podía contener.

A veces decían cosas sin intención,
otras lo ignoraban sin razón.
Y las miradas que le lanzaban
afectaban mucho a su corazón.

Cuando Liam quería unirse al juego,
le decían que no había lugar;
y cuando quería patear la pelota
siempre pensaban que no lo iba a lograr

El problema era que pensaban
que Liam era diferente a ellos.
Creían que necesitaba ayuda
porque lo consideraban un niño enfermo.

Él era amable, gentil y gracioso,
muy inteligente y también habilidoso;
pero para sus compañeros siempre sería
el niño con el corazón roto.

Su sueño era ser arquitecto
y construir edificios resistentes.
"Pero si tu corazón está roto", le decían,
"tus edificios causarán accidentes".

Liam intentaba ignorar sus voces,
y con determinación se negaba a creerles.
Pero por esas palabras hirientes
su ánimo comenzaba a romperse.

Pronto Liam advirtió
que no solo escuchaba otras voces,
sino su propia voz interior,
la cual hería mucho su corazón.

Solía escuchar música para ahuyentar
a la voz que no quería oír.
Tarareaba y cantaba, pero nada le funcionaba:
¡AQUELLA VOZ JAMÁS SE CALLABA!

Pronto se dio cuenta
de una sombra que lo seguía.
Las dudas y los prejuicios
lo agobiaban noche y día.

Cuando jugaba al piloto
su sombra le decía: "Ya lo verás,
tienes el corazón roto
y tus sueños nunca alcanzarás".

Incluso cuando estaba en clase,
dibujando o aprendiendo el alfabeto,
su sombra estaba ahí para recordarle
el aparato que llevaba en el pecho.

Le dijo a su sombra que se fuera,
se lo pidió de mil maneras.
Pero la sombra no se iba,
porque vivía en la mente de Liam.

Un día por el parque caminaba,
y su mejor amiga lo acompañaba.
Ella se llamaba Nora,
una niña muy bondadosa.

Entonces le preguntó: "¿Crees que soy normal,
o mi voz interior dice la verdad?
Insiste en que solo un corazón sano
puede alcanzar la felicidad".

Nora también era una heroína
cuyo cariño era como medicina.
Amor y abrazos siempre ofrecía,
y a Liam llenaba de alegría.

Pero lo que hacía especial a Nora
no era lo que salía de su boca;
para ella Liam era normal
y lo trataba como a los demás.

Él no era el niño con el corazón roto
ni el niño con el pecho marcado;
Liam era su gran amigo,
y lo consideraba como un gran regalo.

Nora dijo: "Todos somos diferentes,
solo mira a tu alrededor".
Liam miró a todos lados,
y lo que vio lo sorprendió.

La gente caminaba POR DOQUIER,
unos eran bajitos, otros no dejaban de crecer.
Algunos tenían mucho cabello,
y a otros no les quedaba ni un solo pelo.

Vio a un hombre con bastón
que jugaba a la pelota;
y a una mujer con la pierna rota
sonriendo sin preocupación.

Todos eran únicos,
diferentes a los demás.
Algunos tenían pecas,
y otros caminaban con muletas.

Nora dijo: "En realidad nadie es normal,
no podríamos ser todos iguales.
¡Ocho mil millones de personas
que ni siquiera son similares!"

Esas palabras reconfortaron a Liam,
pero la sombra de su mente no se movía.
Con valor, habló de ello en clase,
pero nadie le creyó ni una sola frase.

También a su madre se lo contó,
y ella lo alentó a ser fuerte.
Le habló con cariño cuando lloró,
y le dio un gran beso en la frente.

La sombra sabía que Liam se sentía solo,
y también percibía que estaba asustado.
Sabía que el marcapasos lo volvía loco,
y que de sentirse diferente estaba cansado.

Le susurraba cosas horribles en sus sueños
y lo molestaba en cada momento.
Le decía: "¡Siempre serás atacado,
y toda tu vida estarás amargado!".

Un día, Liam fue al hospital
porque su marcapasos debían revisar.
Y aunque su mamá estaba con él,
su sombra no dejaba de ser cruel.

Un niño llegó a la sala de espera,
molesto por estar en silla de ruedas.
Liam le ofreció una pequeña sonrisa,
pero el niño lo miró de mala manera.

"¿Tú qué haces aquí, si eres normal?",
le dijo el niño con envidia,
"Los hospitales son para gente como yo,
que vivo atado a esta silla".

Liam se levantó la camisa
y le mostró la cicatriz en su pecho.
"Los dos somos normales", dijo,
"si a la vida le sacamos provecho".

"Pero los niños normales pueden caminar,
corren, juegan y se divierten sin cesar.
Los niños normales van al parque o al campo,
y no tiene que venir todos los días al hospital."

"Un niño normal puede subir colinas
sin que nadie lo tenga que ayudar.
¡Un niño normal se sienta donde quiere,
no donde lo puedan acomodar!"

"Un niño normal puede ir a la escuela
sin que su madre lo tenga que empujar.
Y cuando un niño normal juega baloncesto,
sus amigos no lo dejan ganar."

"Solo quiero ser normal", dijo el niño,
"trepar árboles y subir escaleras.
A veces me preguntó por qué
tengo que pasar mis días en esta silla de ruedas."

"¡¿No te das cuenta de que eres un héroe?!", dijo Liam,
"pues libras una gran batalla todos los días.
La vida ha tratado de derribarte,
pero aquí sigues y eso es admirable."

"Podemos lamentarnos por nuestra suerte,
tú por tus piernas, yo por mi corazón.
Podemos quedarnos inertes,
o vivir la vida con pasión."

Liam vio una sonrisa en la cara del niño,
y su rostro se cubrió de un gran alivio.
La voz en su cabeza empezó a perecer,
y su sombra comenzó a desaparecer.

Se fue del hospital ese día,
con un amigo y una nueva creencia:
aun con cicatrices y marcapasos,
siempre es posible alcanzar la grandeza.

Liam supo que todos tenemos sombras
que van tras nosotros a diario.
Pero si sonreímos en lugar de juzgar o burlarnos,
habremos hecho algo extraordinario.

"El mundo está lleno de sufrimiento,
pero siempre hay algo por hacer.
Si le saqué una sonrisa a ese niño,
tengo muchas cosas que ofrecer."

Liam se dijo esto a sí mismo,
y de pronto su mente se aclaró.
Su sombra se desvaneció por completo,
y la voz en su cabeza por fin cesó.

Al día siguiente, Liam convocó una reunión
con los héroes más fuertes que conocía.
El niño de la silla de ruedas, Nora
y, por supuesto, su madre ahí estaría.

"Aprendí algo nuevo sobre mí
que el mundo jamás me había dicho.
Mis cicatrices siempre estarán ahí
para recordarme el gran corazón que cobijo."

"La fuerza no radica en los músculos ni en la apariencia,
ni en ser exitosos o muy estudiosos,
sino en la comprensión y en la amabilidad
que ofrece un corazón bondadoso."

Ese día, la Sociedad de los Corazones Poderosos nació
para proteger, apoyar y defender;
para mostrarle al mundo que criticar no sirve de nada,
pues lo que ayuda es un amigo dispuesto a comprender.

Desde entonces, la fuerza de Liam le hizo olvidar
todo lo que alguna vez lo asustó.
La voz en su cabeza lo dejó de molestar,
y su sombra por completo desapareció.

Nos preocupamos tanto por buscar héroes
que olvidamos que nosotros mismos lo somos.
Si un niño con el corazón roto puede cambiar el mundo,
imagina todo lo que podemos lograr al ser bondadosos.

Solo se necesita un corazón fuerte
para que el mundo siga girando.
¡La Sociedad de los Corazones Poderosos sigue
adelante y un futuro mejor nos está esperando!

www.ingramcontent.com/pod-product-compliance
Lightning Source LLC
Chambersburg PA
CBHW051621010526
44119CB00009B/228